PAUL KLEE,
UN ARTISTE MAJEUR DU BAUHAUS

— « L'art ne reproduit pas le visible,
il rend visible »

par Marie-Julie Malache

50MINUTES

Avec la collaboration d'Anthony Spiegeler

PAUL KLEE

- **Naissance ?** Né le 18 décembre 1879 à Münchenbuchsee (Suisse).
- **Mort ?** Décédé le 29 juin 1940 à Locarno-Muralto (Suisse).
- **Contexte ?** Le début du XXe siècle, la création du Bauhaus et la naissance de l'art abstrait.
- **Œuvres majeures ?**
  - *La Chapelle* (1917)
  - *Fantôme d'un génie* (1922)
  - *Senecio* (1922)
  - *Funambule* (1923)
  - *Eros* (1923)
  - *Escargot* (1924)
  - *En rythme* (1930)
  - *Signes en jaune* (1937)

Une œuvre d'art vit grâce au spectateur qui la contemple et se l'approprie pour éprouver les sentiments qu'elle véhicule. Si c'est vrai pour n'importe quelle œuvre, ça l'est tout particulièrement pour les tableaux de Paul Klee, qui ne trouvent leur sens et leur achèvement que dans l'interaction avec leurs spectateurs. À contre-courant de l'art des siècles précédents, ce dernier ne cherche pas à faire une belle œuvre ; il s'attache plutôt à étudier minutieusement les principes et les moyens picturaux (les couleurs, la perspective, etc.) pour revenir à l'essence des choses et des êtres. En cela, il est l'un des fondateurs de l'art abstrait.

Toute sa carrière, Paul Klee travaille avec acharnement à la production d'images harmonieuses simples pour un résultat tantôt troublant, tantôt humoristique, tantôt interpellant, tantôt stimulant. Jamais les critiques et les condamnations – notamment par les nazis, qui placent ses œuvres dans les expositions d'art dégénéré – n'ont eu raison de son profond désir de peindre et d'écrire. Car Paul Klee n'est pas seulement un artiste, c'est aussi un théoricien et un pédagogue ingénieux, inventif, fascinant et prolifique. À sa mort, il laisse environ 9 000 œuvres peintes, ainsi que de nombreux textes, essais et articles éclairants pour quiconque souhaite découvrir sa production artistique. Mais malgré cette imposante documentation, définir son style est un exercice complexe car ses influences sont nombreuses – et ne se cantonnent pas au domaine de l'art – et ses productions artistiques étonnamment variées.

CONTEXTE

PETITE HISTOIRE DE L'ART ABSTRAIT

Des formes abstraites se retrouvent dans toute l'histoire de l'art et il serait réducteur de considérer qu'il s'agit d'une invention du XXe siècle. Toutefois, jusqu'à l'Art nouveau, à la fin du XIXe siècle, elles restent secondaires et font plutôt office de décoration ou d'agrément. Ce n'est qu'au début du XXe siècle que quelques peintres portent un intérêt exclusif à l'image abstraite en tant qu'œuvre finie. Entre 1911 et 1917, quatre artistes pionniers travaillant indépendamment les uns des autres aboutissent à l'abstraction : Frantisek Kupka (1871-1957), Piet Mondrian (1872-1944), Kasimir Malevitch (1879-1935) et Wassily Kandinsky (1886-1944).

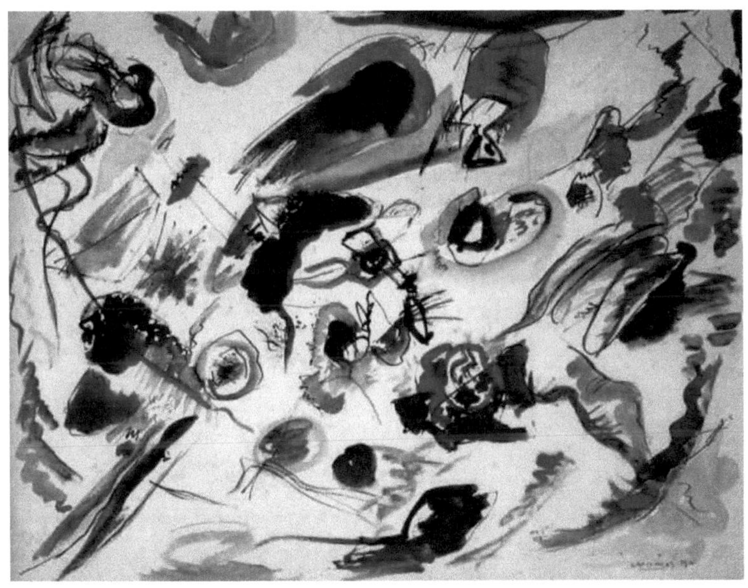

KANDINSKY (Wassily), *Aquarelle abstraite*, 1910, mine de plomb, aquarelle et encre de Chine, 49,6 x 64,8 cm, Paris, centre Georges Pompidou.

C'est au dernier, Kandinsky, que l'on doit la première œuvre abstraite de l'histoire de la peinture : une aquarelle datée de 1910, portant au dos l'inscription « aquarelle abstraite ». Cependant, on estime aujourd'hui qu'il s'agirait plutôt d'une esquisse pour une huile sur toile, *Composition VII* (1913). Dans cette aquarelle, Kandinsky crée une dissociation entre couleur et dessin : les touches de couleur et les lignes noires tracées à la plume sont superposées comme par transparence. Aussi ces lignes ne sont-elles pas utilisées pour délimiter un contour, mais plutôt pour créer des élans rythmiques dans la composition.

De manière générale, les œuvres abstraites sont des images autonomes ; autrement dit, elles ne renvoient à rien d'autre qu'à elles-mêmes. Elles sont le fruit d'une réflexion entamée au siècle précédent, lorsque l'art moderne a rompu avec les traditions du passé. Des artistes comme Paul Cézanne (1839-1906), Paul Gauguin (1848-1903), Vincent Van Gogh (1853-1890) et Henri Matisse (1869-1954) ont alors ouvert une voie nouvelle en s'interrogeant sur l'utilisation de la couleur, l'autonomie de la forme et la prise de distance avec le réel – avec l'apparition de la photographie, la peinture en tant que reproduction du réel a en effet été profondément mise à mal. Mais le développement de l'art abstrait, avec sa déstructuration et sa déconstruction d'images, fait aussi écho au chaos politique, social et économique provoqué par la Première Guerre mondiale.

LE BAUHAUS ET LE FONCTIONNALISME

Créé en Allemagne en 1919 par l'architecte Walter Gropius (1883-1969), le Bauhaus est un institut d'art et des métiers destiné à réformer l'enseignement artistique. Dans le *Manifeste et Programme du Bauhaus* (1919), Gropius développe l'idée d'une œuvre d'art totale qui serait le fruit d'une collaboration entre différents métiers. Autrement dit, il entend rassembler dans une même réalisation l'architecture, la peinture et la sculpture, prenant pour modèle la construction des cathédrales au Moyen Âge. Gropius élabore alors un programme de cours théoriques et techniques et, dans le but de relier plus étroitement l'art et l'artisanat, propose des ateliers dirigés à la fois par un artisan (le « maître d'atelier ») et par un artiste (le « maître de la forme »). Paul Klee participe à cette entreprise dès ses débuts à Weimar, aux côtés d'autres professeurs comme Lyonel Feininger (1871-1956), Josef Albers (1888-1976) ou Oskar Schlemmer (1888-1943), et lui donne une impulsion majeure. Plus tard, il y enseignera avec les célèbres Wassily Kandinsky et Laszlo Moholy Nagy (1895-1946).

D'école d'art, le Bauhaus devient le nom d'un courant artistique révolutionnaire, aussi appelé le fonctionnalisme, sans lequel le design et l'architecture du XXe siècle n'auraient certainement pas le même visage. Il se développe autour de l'idée maîtresse selon laquelle si un objet est bien conçu pour répondre à l'usage que l'on en attend, la beauté viendra par surcroît. Pour ce faire, les artistes opèrent un retour aux bases de l'art : ils s'intéressent avant tout à la clarté de la structure, à la simplicité de la technique et à l'intensité de l'expression. Pour toutes les disciplines confondues (peinture, sculpture, architecture, design, etc.), la priorité est donnée à l'économie décorative, à l'efficacité et à la justesse de l'effet plastique. Cette nouvelle esthétique influence radicalement les goûts de l'époque, et pénètre la vie quotidienne via les tissus, les couvertures de revues ou encore les panneaux publicitaires – les artistes exploitant volontiers les modes de fabrication industriels pour diffuser leurs créations au plus grand nombre.

Suite aux troubles politiques qui marquent l'Allemagne dans l'entre-deux-guerres, le Bauhaus de Weimar est fermé par les nazis au début des années vingt. Le fonctionnalisme est alors décrié, et la plupart des professeurs et des élèves, du fait de leurs idées avant-gardistes ou communistes, font l'objet d'une surveillance. Le Bauhaus déménage à Dessau en 1924, puis à Berlin en 1932, avant de fermer ses portes un an plus tard, lorsque les nazis prennent le pouvoir. Mais cet arrêt forcé ne tue pas pour autant les idéaux artistiques de ses professeurs et de ses étudiants. L'exil de ces derniers participe largement à la propagation du fonctionnalisme dans le monde entier.

L'ART ET LA GUERRE

Au début du XXe siècle, les artistes d'avant-garde – cubistes, expressionnistes, fauvistes, futuristes, etc. – exposent leurs œuvres de ville en ville et participent activement au renouvellement esthétique qui se joue alors, défendant leurs principes dans des manifestes largement traduits. De Munich à Paris et de Londres à Milan, ces jeunes créateurs ont un point commun : ils proposent une nouvelle voie artistique s'écartant des anciens usages.

Mais cette formidable effervescence s'arrête brusquement à l'été 1914, lorsque l'armée allemande envahit le Grand-Duché de Luxembourg, puis la Belgique : la libre circulation des biens et des personnes est désormais interdite. Les expositions et les manifestations artistiques programmées dans les grandes villes sont annulées et les lettres que s'échangent les artistes sont arrêtées aux frontières. Les rapports artistiques entre la France et l'Allemagne, puis dans toute l'Europe, sont brisés. C'est là la conséquence majeure de la guerre dans le champ artistique : elle condamne à l'éclatement l'Europe des avant-gardes. Les courants, groupes et cercles se fragmentent en unités isolées. Le second effet suit de près le premier : les avant-gardes se dispersent. De plus, la plupart des artistes sont sur le front, dans les tranchées, loin de leur atelier, et beaucoup ne reviendront pas.

Après l'horreur de la guerre, on observe deux attitudes dans le monde de l'art. D'une part, suite au traumatisme, certains artistes cessent de peindre la vie moderne, s'écartent des préoccupations quotidiennes et explorent de nouvelles voies. D'autre part, d'autres reprennent leur travail là où ils l'avaient laissé, se focalisant davantage sur la révolution industrielle et technologique, que la guerre a accélérée. Il s'agit également d'une manière de fuir dans un paradis coloré un présent avec lequel ils ne savent plus quel rapport entretenir. Paul Klee, en développant l'abstraction, s'exile lui aussi de l'insupportable réalité. Ses œuvres témoignent donc, en un sens, d'un certain refus du réel et d'un désir de le dépasser. Déjà en 1915, il écrit dans son journal : « Plus ce monde regorge d'horreurs (comme de nos jours justement), plus l'art doit être abstrait. »

Le répit de l'entre-deux-guerres est de courte durée, même s'il permet aux artistes de renouer quelques contacts internationaux. Rapidement, en Allemagne, sous la pression des nazis, l'art avant-gardiste, notamment les innovations du Bauhaus, est mis au pilori. En 1937, les partisans d'Adolf Hitler (1889-1945) rassemblent des œuvres qu'ils présentent comme produites par des juifs et des bolcheviks à Munich et les qualifient d'« art dégénéré », considérant que seuls les artistes de race pure sont capables de produire un art héroïque. Les tenants de l'art moderne sont vus comme des pervertisseurs de la beauté classique et de la culture allemande. Mais l'origine ethnique, sociale ou culturelle de l'artiste n'est pas le seul critère pour qualifier une œuvre de dégénérée. Les nazis condamnent également toute création artistique exprimant la nostalgie, la mélancolie ou encore le déséquilibre social. Pour leur échapper, de nombreux artistes s'exilent, à l'instar de Paul Klee.

BIOGRAPHIE

LA NAISSANCE DE DEUX PASSIONS

Paul Klee naît le 18 décembre 1879 à Münchenbuchsee (près de Berne), dans une famille de musiciens, d'un père allemand et d'une mère suisse. Un an après sa naissance, sa famille déménage à Berne. C'est avec sa grand-mère que Paul Klee découvre les bases du dessin. À l'école, il remplit ses livres et ses cahiers de caricatures – il a d'ailleurs conservé la plupart de ses dessins d'enfants qu'il a inscrits dans le catalogue de ses œuvres.

Rapidement, il s'oriente vers une carrière artistique, mais hésite long-temps entre la musique et la peinture. Violoniste de talent, il laissera toujours à son instrument une place prépondérante dans sa vie et dans sa production artistique. En 1898, son baccalauréat en poche, Paul Klee s'installe à Munich, où il se forme à l'école privée de dessin de Heinrich Knirr (1862-1944). Il entre ensuite à l'académie de Franz von Stuck (1863-1928) à l'automne 1900, mais il la quitte l'année suivante et entreprend avec le sculpteur Hermann Haller (1880-1950) un voyage d'étude de six mois en Italie. Ce séjour provoque chez Paul Klee une profonde crise artistique : face à l'opulence et la richesse de l'art classique, il s'interroge sur les moyens de l'art et sur le processus de création.

De retour à Munich, le jeune artiste développe sa technique, à l'aqua-relle, puis à l'huile, et expose des eaux-fortes. Mais dès 1902, il rentre vivre chez ses parents car son activité artistique ne lui permet pas de subvenir à ses besoins. En 1906, il épouse la pianiste Lily Stumpf (1876-1946), avec qui il aura un fils, et le couple s'installe à Munich. Pendant une dizaine d'années, c'est sa femme qui paie les dépenses du ménage en donnant des leçons de piano. Pour amuser son fils, Paul Klee fabrique un théâtre de marionnettes et crée une cinquantaine de marionnettes, dont un à sa propre effigie.

L'HEURE DE LA RECONNAISSANCE

En juillet 1910, Paul Klee présente 56 œuvres au Kunstmuseum de Berne. Il s'agit de sa première exposition personnelle, qui prendra ensuite ses quartiers à Zurich, puis à Winterthur et, enfin, à Bâle. L'année suivante, à l'automne, il rencontre Wassily Kandinsky et rejoint le groupe avant-gardiste *Der Blaue Reiter*. En 1912, l'artiste se rend à Paris, où il découvre les œuvres de Pablo Picasso (1881-1973), Georges Braque (1882-1963), Robert Delaunay (1885-1941) et Henri Rousseau (1890-1910).

DER BLAUE REITER

En 1911, à Munich, Franz Marc (1880-1916) et Wassily Kandinsky rassemblent autour d'eux un groupe d'artistes avant-gardistes. Tous deux sensibles à la couleur bleue et à la figure du cavalier, ils décident de lui donner le nom de *Der Blaue Reiter*, qui signifie « Le cavalier bleu ». Convaincus que l'art ne doit pas reproduire la réalité, mais la dépasser, les peintres du groupe s'engagent peu à peu dans la voie de l'abstraction. Ils se libèrent de toute référence immédiatement lisible, et s'intéressent à la transcription picturale des émotions et des sensations. Sur le plan technique, ils portent leur attention sur les formes et les couleurs, qui déterminent l'ensemble de leurs compositions.

En avril 1914, Paul Klee, qui voyage avec ses amis artistes Louis Moilliet (1880-1962) et August Macke (1887-1914), visite Marseille, Tunis, Saint-Germain, Hammamet et Kairouan. Il est fasciné par les lumières et les couleurs de ces villes. Multipliant les croquis et les esquisses, il prend alors progressivement conscience de l'immédiateté et de la puissance de la couleur. L'étude du chromatisme restera l'une de ses préoccupations premières tout au long sa carrière.

La Première Guerre mondiale apporte ensuite son lot de souffrances à l'artiste, qui perd certains de ses amis. Il est lui-même mobilisé en 1916, comme homme de réserve de l'armée territoriale allemande, mais il conserve la possibilité de peindre. En 1917, il est transféré à l'École d'aviation royale V de Bavière à Gersthofen, où il est affecté à l'administration comptable. La même année, son exposition à Berlin est un succès.

En 1919, démobilisé, Paul Klee loue un atelier à Munich et publie ses premières théories de l'art. Il signe également un contrat de représentation avec Hans Goltz (1873-1927), propriétaire de la galerie Neue Kunst-Hans Goltz de Munich, où il présente, l'année suivante, une gigantesque exposition rétrospective de 362 œuvres. L'artiste est à présent connu et reconnu, à la fois par le public et par ses pairs.

PROFESSEUR AU BAUHAUS

Paul Klee, qui intègre le Bauhaus de Weimar en 1921, se voit d'abord confier un cours de composition et dirige l'atelier de reliure en tant que maître de la forme, avant de prendre la direction de l'atelier d'orfèvrerie, puis de celui de peinture sur verre. Cependant, son style et son art ne font pas l'unanimité : le peintre hongrois Vilmos Huszar (1884-1960) publie une critique acerbe à propos du Bauhaus dans laquelle il qualifie Paul Klee de « malade mental ». L'artiste ne se laisse pourtant pas abattre et expose, en 1923, de nombreuses œuvres avec les autres maîtres du Bauhaus, dont Kandinsky. L'hiver 1924 voit par ailleurs sa première exposition aux États-Unis.

Au même moment, la pression politique des forces conservatrices se fait de plus en plus menaçante au sein du Bauhaus. Celles-ci lui reprochent sa non-rentabilité. Le Cercle des amis du Bauhaus, dont Paul Klee est pour un temps directeur des manifestations, est alors créé pour le soutenir financièrement et moralement. Parmi ses membres se trouvent d'éminents intellectuels tels que le compositeur Arnold Schönberg (1874-1951) ou le physicien Albert Einstein (1879-1955). Néanmoins, le climat politique pousse Gropius et les maîtres du Bauhaus à négocier la poursuite de l'école dans d'autres villes. Ainsi, en 1925, le conseil communal de Dessau décide de lui offrir une terre d'accueil. Paul Klee y emménage dans une maison bifamiliale en 1926 avec Wassily et Nina Kandinsky. L'amitié entre les deux artistes s'en trouve renforcée.

En 1928, il entreprend un voyage d'étude de quatre semaines en Égypte. Ce séjour ranime en lui les réflexions sur la couleur qui l'avaient préoccupé en Tunisie quelques années auparavant. L'année 1929 marque l'apogée de son succès : il compte parmi les artistes allemands mondialement reconnus. À l'occasion de ses 50 ans, de grandes expositions sont organisées à New York et à Berlin. Il prend également part à la première exposition itinérante du Bauhaus, où il expose 38 œuvres. Toutefois, dès 1930, il apparaît dans sa correspondance privée que ses tâches d'enseignement au Bauhaus lui pèsent de plus en plus. Il quitte finalement l'établissement en 1931 pour l'École des beaux-arts d'État de Düsseldorf, où il dirige une classe de peinture. Il cesse également de rédiger des textes de théorie de l'art afin de se consacrer exclusivement à la création.

À L'OMBRE DU NAZISME

En 1933, suite à la fermeture du Bauhaus, son domicile de Dessau est perquisitionné par les nazis. Peu après, Paul Klee est licencié de l'académie de Düsseldorf sous la pression nazie, qui se fait de plus en plus forte : il est même accusé d'être juif. Le couple déménage alors définitivement à Berne.

En 1935, la santé de Paul Klee se dégrade : il est atteint de sclérodermie et doit rester alité. Si l'année suivante, sa production ne dépasse pas 25 œuvres, il reprend un rythme de travail plus soutenu dès 1937 et connaît un regain de vigueur en 1939 : avec 1253 œuvres recensées dans son journal, des dessins pour la plupart, il s'agit de l'année la plus productive de toute sa carrière. Cette année-là, il demande également la nationalité suisse – il est en effet de nationalité allemande, comme son père.

L'exposition *Entartete Kunst* (« Art dégénéré »), présentée sous forme itinérante de 1937 à 1941 dans 12 villes allemandes, comporte 17 œuvres de Paul Klee (saisies dans les musées allemands) lors du vernissage à Munich. Les nazis s'accaparent ensuite 102 œuvres supplémentaires de Klee appartenant à des collections publiques et les vendront toutes, pour la plupart, à l'étranger. En effet, la renommée de Paul Klee en dehors des frontières allemandes est extrêmement importante, notamment aux États-Unis, et plus précisément à New York, où des expositions lui sont régulièrement consacrées.

En 1940, Paul Klee est admis dans un centre de cure dans le Tessin, en Suisse méridionale. Son état de santé s'aggrave rapidement, jusqu'à son décès, le 29 juin 1940, à l'âge de 60 ans. La nationalité suisse lui est accordée quelques jours après sa mort. En 2005, soit 65 ans après sa mort, le Centre Paul Klee, consacré à toute la production artistique et littéraire de l'artiste, est inauguré à Berne.

CARACTÉRISTIQUES

L'ARTISTE, UN INTERMÉDIAIRE ENTRE LE VISIBLE ET L'INVISIBLE

« L'art ne reproduit pas le visible, il rend visible. » (KLEE (Paul), *Beitrag für den Sammelband « Schöpferische Konfession »*, in *Schriften-Rezensionen und Aufsätze*, Cologne, Éditions Christian Geelhaar, 1976, p. 118) Cette phrase, tirée d'un texte de Paul Klee datant de 1918, résume particulièrement bien sa vision globale de l'art. À ses yeux, l'art n'a pas pour fonction d'imiter le réel, mais est un outil permettant de rendre visible une réalité autre que celle dans laquelle nous vivons. En ce sens, il est destiné à mener les hommes au-delà de l'ici et maintenant et à les sortir de la routine quotidienne, afin de leur apporter du réconfort et les élever. Pourvu d'une logique et d'un fonctionnement propres, l'art a pour but d'attirer l'attention sur la relativité du visible et sur les limites du tangible.

En conséquence, Paul Klee développe une nouvelle conception du rôle de l'artiste qu'il explique en 1824 lors d'une conférence à Iena en utilisant la métaphore de l'arbre : si l'on considère que le tronc de l'arbre représente l'artiste, les racines lui amènent, voire lui imposent, une sève inspiratrice en continu. C'est à partir de ces flux que la cime de l'arbre, c'est-à-dire l'œuvre d'art, se déploie. Comme le tronc qui se situe entre les racines et la cime de l'arbre, l'artiste est l'instrument d'une force extérieure à lui-même et l'intermédiaire pour accéder à un autre monde.

À côté de ces considérations générales, parmi le nombre conséquent des œuvres de Paul Klee, la variété des techniques qu'il utilise et ses nombreux apports théoriques, deux éléments majeurs se dégagent plus particulièrement : le dialogue avec la nature et le concept de mouvement.

L'ART ET LA NATURE

Toutes les œuvres de Paul Klee reposent sur une observation minutieuse des principes de création dans la nature. Bien qu'ayant une formation de base en atelier, il considère que sa véritable école est celle de son expérience sensible de son environnement et du monde. Il fait régulièrement des balades et des randonnées, son carnet de croquis à la main, puis, de retour dans son atelier, analyse ses dessins, approfondit ses réflexions et, *in fine*, cherche à rendre dans ses œuvres les impressions ressenties et les processus observés. Ses compositions révèlent ainsi une grande recherche d'équilibre entre les poids (clair-obscur), les directions (haut-bas-gauche-droite) et les mouvements (lent-rapide). Cependant, sa démarche s'éloigne de celle des peintres classiques qui l'ont précédé dans le sens où il dépasse le simple rapport naturaliste de l'art à la nature, où il n'instaure pas une relation modèle-copie. Pour lui, la nature et l'art ont une base commune, reposent sur une seule et même loi, mais ils en constituent des manifestations différentes.

Pour étudier l'art, Paul Klee préconise donc de commencer par étudier la nature et ses fondements, instaurant un lien intime entre les principes structurels de la nature et les codes picturaux. S'il s'intéresse à tous les domaines de la nature, sa préférence va tout de même au végétal, notamment en raison de sa multiplicité formelle. Cela étant, dans son enseignement, l'artiste n'impose aucune règle : il propose à ses étudiants d'explorer toutes les possibilités du cheminement créatif, accordant plus d'importance à ce cheminement lui-même qu'au résultat final. Ainsi, il suggère d'expérimenter différentes manières de regarder la nature : de très près ou de très loin, en clignant des yeux, en changeant de point de vue, avec des jumelles ou avec une loupe, etc. D'après lui, la tâche de l'artiste est ensuite de trouver les moyens plastiques pour exprimer ces différentes observations. En cela, on peut voir chez Paul Klee une certaine influence du cubisme : la forme importe davantage que le sujet, qui devient secondaire.

Cette méthode de travail engendre au fil du temps une progressive réduction de moyens. Klee cherche l'expression la plus directe possible, celle qui touche les sens et les sentiments humains sans détour. Pour ce faire, il se concentre souvent sur l'observation de la plus petite entité, afin d'en dégager l'essence et de la transposer dans ses tableaux. Au final, ses toiles ont pour sujet les parties constitutives des organismes, ou les phénomènes et les forces qui les gouvernent et les structurent. Son art se fait ainsi reflet de sa vision du cosmos et des règles le régissant.

LE CUBISME

Vers 1908, Pablo Picasso et Georges Braque inventent une nouvelle manière de peindre et de concevoir les objets et les personnages qui nous entourent : il s'agit du cubisme. Se basant sur les préceptes de Cézanne qui prônait l'utilisation du cylindre, du cône et de la sphère, ils développent des images constituées de motifs simplifiés par une décomposition en cubes. Renonçant à un point de vue unique, ils représentent sur leurs toiles en deux dimensions différentes facettes d'une même réalité et offrent ainsi une vision plus complète du réel. La question du sujet et de l'expression perd donc de son importance.

LE MOUVEMENT ET LE RYTHME

À la lecture des écrits de Paul Klee, on s'aperçoit que les termes musicaux reviennent fréquemment et qu'il est, d'ailleurs, aisé de recourir à ce champ lexical pour décrire ses œuvres : il y a en effet une certaine musicalité dans ses peintures. Ce répertoire lexical souligne non seulement la connaissance et l'intérêt de Paul Klee pour la musique, mais témoigne aussi de sa recherche sur l'interaction entre art et musique. Pour lui, il existe dans l'art un processus temporel comparable à celui présent dans une œuvre musicale. Une partition n'est pas une œuvre en soi : il faut jouer le morceau de musique pour découvrir la création artistique. Il en va de même des œuvres picturales.

Tout en s'inspirant de la nature, Paul Klee imprime un véritable rythme à son mouvement créateur. Il cherche à transposer dans ses œuvres les accents, les durées et les pauses des partitions de musique, ou à explorer les notions de répétition (somme d'éléments identiques) et d'alternance (de deux éléments ou plus). C'est ainsi que se crée la structure de chacun de ses tableaux.

Enfin, notons encore que Paul Klee dissocie une œuvre peinte en trois types de mouvements. Premièrement, il y a le mouvement physique de l'artiste. Ensuite, l'œuvre qui résulte de cet acte témoigne de son processus de réalisation. En observant ses lignes, ses points, ses agencements de couleurs, on devine quels gestes sont à son origine. Enfin, le dernier mouvement, celui effectué par l'œil du spectateur, donne du sens à l'œuvre et au rôle de l'artiste.

NOTA BENE

Face à ces concepts rationnels, on serait tenté de croire que les œuvres de Paul Klee qui en résultent sont froides et analytiques. Or, malgré toutes les lois édictées et suivies par l'artiste, on découvre une multiplicité d'œuvres toutes plus originales les unes que les autres. En effet, dans sa création, loin de se concentrer sur l'intellect, Paul Klee accorde une place importante à l'inspiration subjective. Il insuffle ainsi à ses œuvres une part non négligeable d'intuition, de mystère et de magie.

LA CHAPELLE

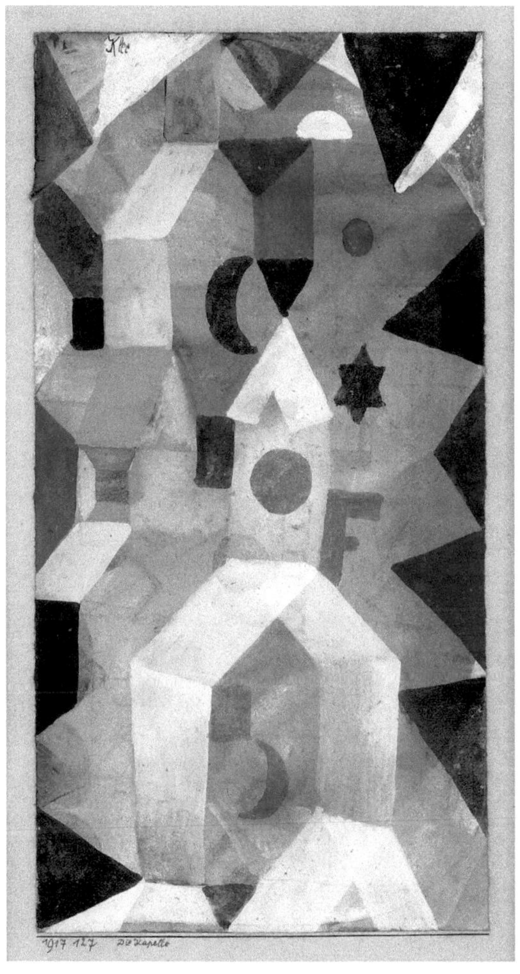

La Chapelle, 1917, aquarelle et détrempe blanche sur papier, contrecollé sur carton, 29,2 x 15,4 cm, Riehen/Basel, fondation Beyeler.

Le sujet de *La Chapelle* est directement identifiable : il s'agit de la forme blanche qui occupe les deux tiers inférieurs de la toile. Composée de parallélogrammes et de rectangles blancs, elle abrite un croissant de lune vert, tandis que son clocheton est marqué d'un rond bleu. Une seconde chapelle géométrique, de plus petite taille et de couleur sombre, est posée sur la pointe de ce clocheton, comme en miroir. À gauche du point de croisement des deux chapelles se trouve un croissant de lune noir et, à droite, une étoile à six branches, noire également. D'autres formes géométriques (un rond vert, un carré bleu, des parallélogrammes orangés) disséminées de part et d'autre de cet ensemble à l'équilibre fragile semblent flotter tout autour. Sur les bords du tableau, des triangles dressent leur pointe vers la composition centrale, attirant encore davantage l'attention sur la chapelle blanche.

Paul Klee peint cette œuvre au début de la Grande Guerre, durant sa période de mobilisation. Il prouve ici qu'il maîtrise déjà les concepts de gradation chromatique et de géométrie animée. En remplissant de simples quadrilatères de couleur, il confère de la profondeur à sa composition et crée des espaces mystérieux qui donnent envie au spectateur de les pénétrer pour les visiter. L'ajout d'une structure inversée dans la partie supérieure, comme si la peinture pouvait se retourner à la manière des figures d'un jeu de cartes, lui permet par ailleurs de bousculer le sens de lecture de l'œuvre. En définitive, *La Chapelle* est le résultat d'une importante réflexion sur l'équilibre des formes et la puissance de la couleur afin de créer non seulement des structures cohérentes, mais également une véritable histoire dans l'œil du spectateur, qui ne peut qu'être touché par cette com-position épurée.

EROS

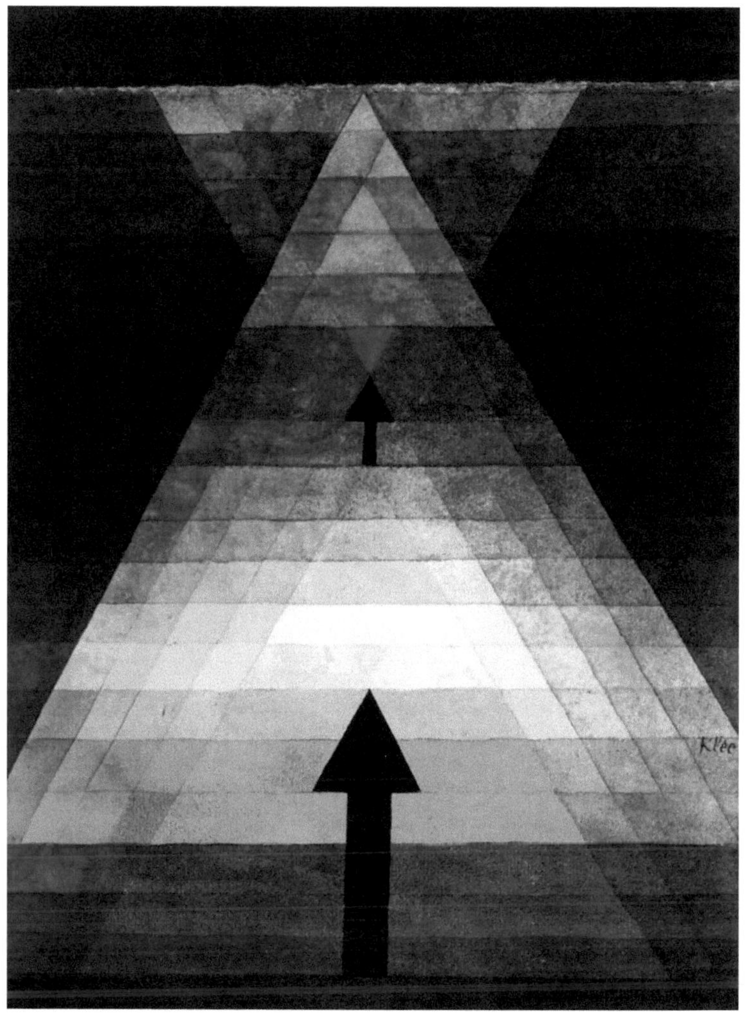

Eros, 1923, aquarelle sur carton, 33,3 x 24,5 cm, Lucerne, collection Rosengart.

Avec cette œuvre, Paul Klee nous montre comment un simple agencement de couleurs et de formes peut parler à nos sens sans détour. La surface est divisée en bandes horizontales de tailles égales, ce qui confère à l'image un certain rythme. Chaque bande est couverte de multiples couleurs. Dans le haut et, surtout, dans le bas du tableau, on retrouve des tons froids (bleu, vert), tandis que sur la gauche et sur la droite dominent des couleurs sombres. Plus l'œil progresse vers le milieu de l'œuvre, plus les couleurs jaunissent et rougissent. On observe ainsi une gradation vers des couleurs chaudes, un mouvement renforcé à la fois par les formes triangulaires et par le motif de la flèche.

Au centre de l'œuvre se trouve un triangle clair coupé par un second triangle inversé qui semble quant à lui provenir du haut de la toile. Dans le triangle principal s'inscrit en outre une autre forme triangulaire formée par les couleurs les plus lumineuses. À l'intersection des deux triangles, on remarque encore un autre triangle, rouge, placé sur sa pointe, qui cristallise le mouvement et la tension de l'œuvre. Dans le triangle principal, l'artiste a attribué à chaque côté une couleur primaire : le bleu en dessous, le jaune à gauche et le rouge à droite. Il a ensuite utilisé le réseau de bandes horizontales pour les nuancer et les croiser entre elles. Il montre ainsi comment se créent les couleurs secondaires (le bleu et le jaune donnent naissance au vert, le rouge et le jaune créent l'orange, et le violet naît du mélange entre le bleu et le rouge) et tertiaires (qui s'obtiennent en mélangeant chaque couleur primaire avec une couleur secondaire).

Les couleurs et la lumière dirigent incontestablement l'œil du spectateur vers le triangle rouge central. Les deux flèches noires pointant vers le haut de l'ensemble achèvent le travail. Leur orientation souligne en outre le rythme déjà présent dans la toile via les bandes de couleur horizontales et les formes triangulaires. Enfin, notons que la deuxième flèche mène directement au triangle rouge (elle le touche), conférant à l'œuvre une dimension nettement érotique.

En effet, la forme triangulaire représente traditionnellement le sexe masculin, lorsque sa pointe est orientée vers le haut, ou le sexe féminin, lorsque sa pointe est orientée vers le bas. Dans cette œuvre, le féminin est représenté par le triangle rouge central, tandis que le masculin est incarné par le triangle noir contenu dans la flèche. Le titre du tableau, *Eros*, nom du dieu grec de l'amour, induisait déjà cette connotation sexuelle.

ESCARGOT

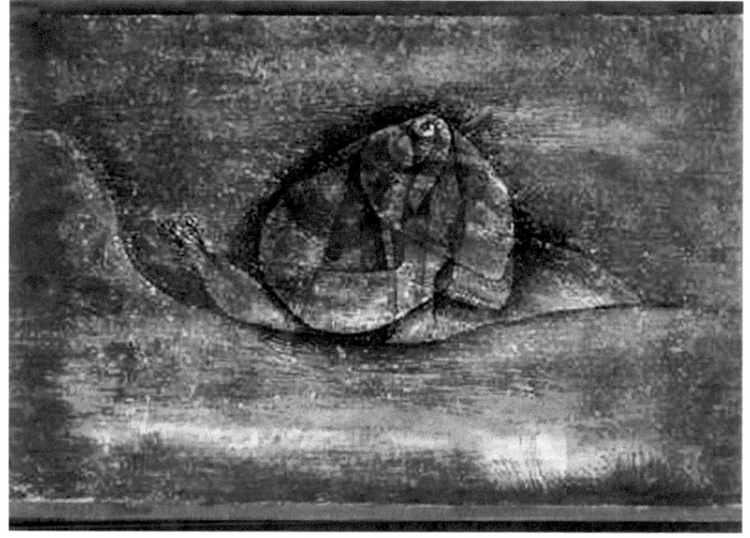

Escargot, 1924, aquarelle sur papier apprêté, plume et encre, marouflé sur carton, 19 x 28 cm, Lugano, museo cantonale d'Arte, dépôt d'une collection particulière.

Se confondant avec le fond vert dégradé, un escargot avance vers la gauche de tableau, sur un chemin figuré par une simple ligne courbe. Il se détache de son environnement par un cerne noir et quelques ombres formées par des traits noirs à la plume. L'œil est rapidement attiré par sa coquille, couronnée d'une spirale répondant à tout un jeu de courbes et de contre-courbes. Cette représentation constitue une synthèse de différents points de vue, internes et externes à l'animal.

L'escargot est une figure récurrente de l'œuvre de Paul Klee et de sa pédagogie. Sa coquille lui offre matière à étudier les notions d'habitacle, d'intériorisation et de spirale. Dès 1923, il soumet ce motif à ses étudiants du Bauhaus dans le cadre d'un exercice dont le but est de trouver le vivant fondamental, qu'il conçoit comme une force créatrice, une énergie et un processus de développement.

En explorant la structure interne des objets ou des êtres représentés, l'artiste cherche non seulement à parvenir à l'essence des phénomènes, mais également à montrer leur fonctionnement interne. Sa démarche de base est scientifique : il entend ici révéler clairement la structure et la fonction de la coquille d'escargot. Toutefois, grâce à son imagination, il parvient à dépasser la froide analyse.

EN RYTHME

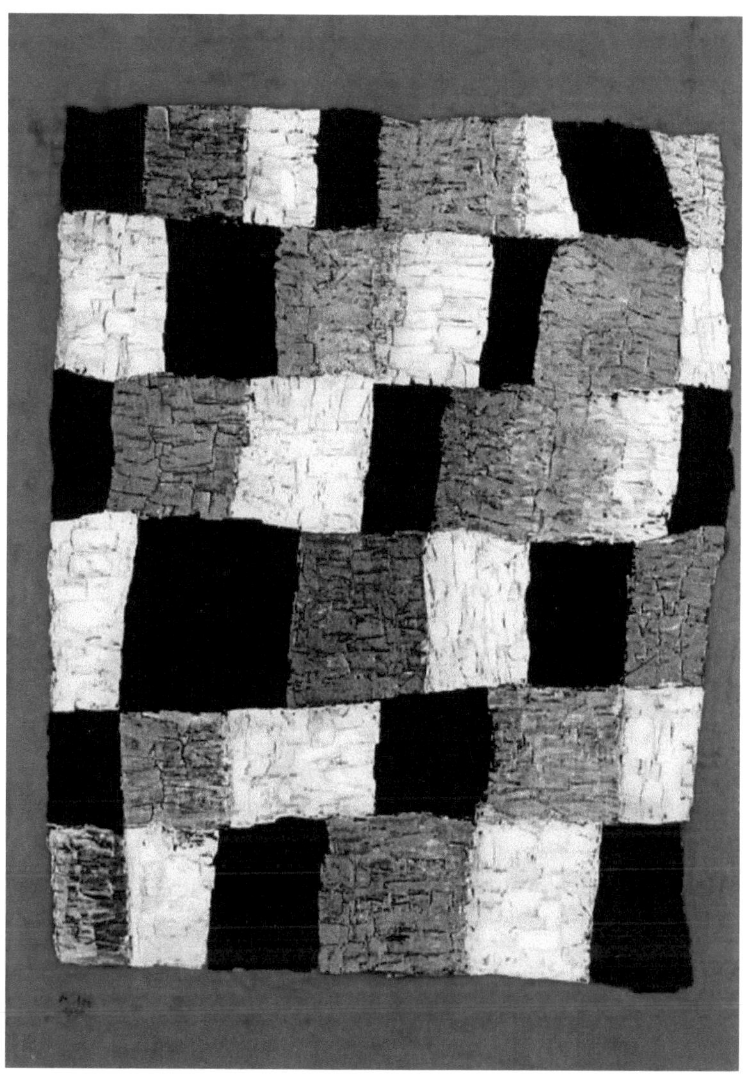

En rythme, 1930, huile sur toile de jute, 69,6 x 50,5 cm, Paris, centre Georges Pompidou.

Cette œuvre fait partie d'une série de grandes compositions en échiquier, entreprises peu après le retour de Paul Klee de son voyage en Égypte, à la fin des années vingt. L'agencement des formes et des couleurs semble transposer, de manière visuelle, un air de musique, une interprétation confirmée par le titre de la toile.

Si la composition paraît à première vue très basique (il s'agit d'une simple suite de quadrilatères noirs, blancs et gris), elle fait pourtant appel à une fascinante combinaison des sens du spectateur. À y regarder de plus près, les formes et les couleurs ne se contentent pas seulement de se répéter. Elles varient également en taille et en intensité, créant ainsi des vibrations rythmiques qui font appel à un autre sens que la vue : le spectateur se surprend à « écouter » la toile. La peinture se lit alors comme une partition dans laquelle les cases blanches et noires sont contrebalancées par des cases grises faisant penser à des dièses et des bémols. Chacune des formes représente les caractéristiques d'un son particulier, tandis que l'intensité de sa couleur évoque son intensité musicale (*piano* ou *forte*), sa durée (court ou long) et sa hauteur (grave ou aigu). De plus, la touche révèle l'utilisation d'un pinceau-brosse appliqué de manière légère, dansante et de gauche à droite – suggérant par là le sens de lecture de cette « partition ». *En rythme* crée donc un phénomène de synesthésie chez le spectateur qui associe des sons en réponse à des couleurs et inversement.

SIGNES EN JAUNE

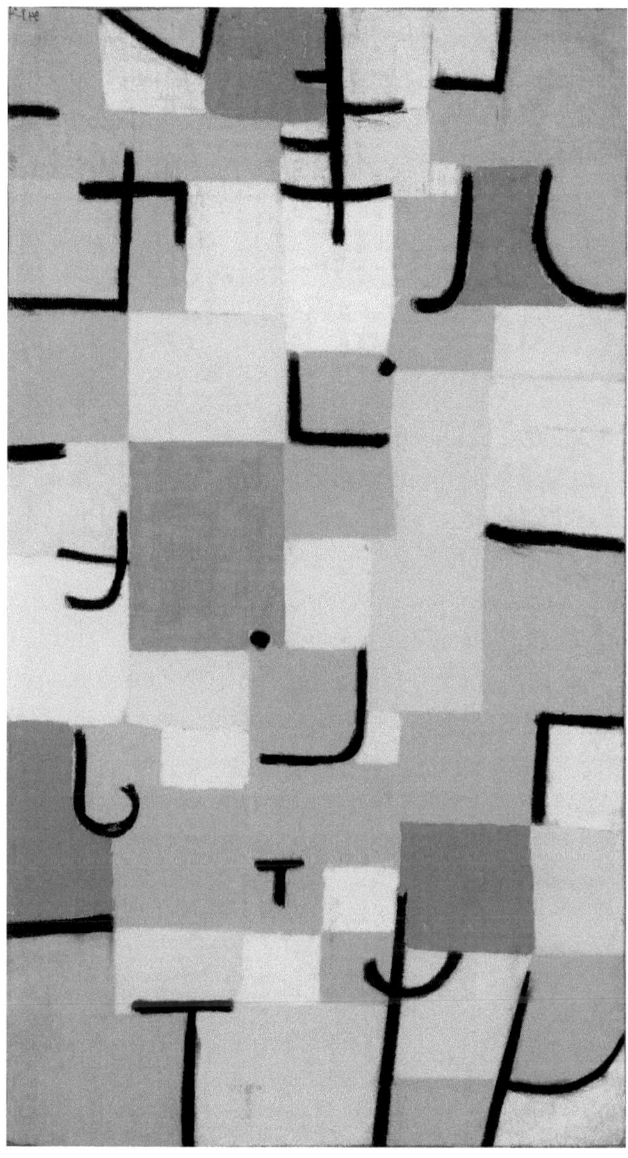

Signes en jaune, 1937, pastel sur coton, 83,5 x 50,3 cm, Bâle, fondation Beyele.

Depuis les temps les plus reculés, les signes et les symboles ont toujours occupé une place importante dans les productions artistiques humaines. Pendant longtemps, leur but était de véhiculer des messages de manière claire et directe. Au début du XXe siècle, à l'instar d'autres artistes de son temps, Paul Klee commence à intégrer les signes et les symboles à ses créations tout en se livrant à des expérimentations : il les utilise indépendamment de leur sens d'origine ou il les associe différemment. En somme, il déconstruit leur sens premier pour reconstruire une nouvelle signification au sein de l'œuvre.

Signes en jaune compte parmi les « images quadrillées » de Paul Klee. Il s'agit d'une technique qu'il développe à l'origine à l'aquarelle lors de son voyage en Tunisie, et qui consiste à diviser la surface de l'image en carrés et en rectangles colorés. À partir de la structure obtenue, il approfondit ses recherches sur les problèmes formels tels que le mouvement, le rythme, l'équilibre, l'opposition, etc. Les valeurs (formes et couleurs) données à chaque carré ou rectangle sont le fruit d'une longue réflexion. Paul Klee les dispose de manière à créer une harmonie particulière. Changez une forme ou une couleur de place et l'ensemble est déséquilibré, sa signification modifiée. Une fois encore, l'aboutissement de l'œuvre n'est possible que grâce à l'acte d'observation du spectateur ; c'est lui qui lui donne tout son sens.

PAUL KLEE, UNE SOURCE D'INSPIRATION

Tout au long de sa carrière, Paul Klee porte un intérêt particulier aux dessins d'enfants dont il admire le sens de la créativité et le potentiel à s'exprimer à travers l'art. Une fois adulte, il redécouvre d'ailleurs ses propres dessins d'enfant, et s'attache, dans ses œuvres abstraites, à faire preuve de la même spontanéité, de la même simplicité et de la même fantaisie. Peu après la Seconde Guerre mondiale, les membres du groupe Cobra (fondé en 1948 et composé d'artistes de Copenhague, Bruxelles et Amsterdam), désireux de se référer à l'art naïf et primitif, et eux aussi fascinés par le monde imaginaire et merveilleux de l'enfance, recherchent, à la suite de Paul Klee, un mode d'expression spontané et désinhibé. Impressionnés par l'œuvre de l'artiste suisse, qu'ils découvrent lors d'une exposition au Stedelijk Museum, à Amsterdam, Asger Jorn (1914-1973), Corneille (1922-2010), Christian Dotremont (1922-1979) ou encore Pierre Alechinsky (né en 1927) prolongent ses recherches et explorent des thèmes qui lui étaient chers : le mystère des masques et des visages, l'exubérance et les acrobaties, les nouvelles créatures, les animaux et les êtres fantaisistes, ou encore les signes et leur signification.

Mais Paul Klee n'a pas seulement influencé l'art pictural. La musique, on l'a vu, fait partie intégrante de son œuvre et de sa vie. Violoniste et amateur de concerts et d'opéra, il transcrit volontiers les codes musicaux dans sa peinture. En réponse, s'inspirant de ses théories et de ses tableaux, de nombreux musiciens créent des pièces en son hommage. Parmi eux, le Français Pierre Boulez (né en 1925) s'imprègne particulièrement des exercices théoriques dispensés par l'artiste au Bauhaus. Comme Klee, Boulez cherche à créer « un univers où la réflexion guide la spontanéité » (Roux (Marie-Aude), « De l'influence de Paul Klee sur la musique », in *Le Monde*).

En 1976, le compositeur anglais Peter Maxwell Davies (né en 1938) compose *Five Klee Pictures*, dont la troisième pièce, *Twittering Machie*, est une transposition musicale de *Des oiseaux*, peints en 1922 par Paul Klee Enfin, notons encore que le morceau *Mauvaises nouvelles des étoiles* (*Bad News from the Stars*), créé en 1981 par Serge Gainsbourg (1928-1991), possède le même titre qu'un dessin de Paul Klee.

EN RÉSUMÉ

- Paul Klee est un artiste majeur du début du XXe siècle qui a contribué à l'avènement de l'art abstrait. Il a mené de profondes réflexions sur les moyens picturaux (couleurs, lignes, formes, perspective, lumière, etc.) dans le but de créer des images autonomes (qui ne renvoient à rien d'autre qu'à elles-mêmes).

- Sa production est extrêmement vaste : il est l'auteur de plus de 9 000 œuvres artistiques, et d'une multitude d'essais et d'articles.

- C'est au sein du groupe *Der Blaue Reiter* qu'il se fait connaître, puis en tant que professeur au Bauhaus, un institut d'art et des métiers destiné à réformer l'enseignement artistique qui donnera naissance à un courant artistique révolutionnaire dont Paul Klee sera l'une des figures majeures.

- Il conçoit le rôle de l'artiste comme celui d'un intermédiaire entre le visible et l'invisible. À ses yeux, l'artiste n'a pas pour fonction d'imiter le réel, mais de rendre visible une réalité autre que celle dans laquelle nous vivons.

- La base de son art réside dans l'observation de la nature, non pas pour faire du naturalisme, mais pour étudier les principes de la création afin de les transcrire avec les moyens picturaux.

- La musique est également présente dans son œuvre de manière récurrente. Paul Klee imprime en effet un véritable rythme à ses compositions, créant ainsi une interaction entre son art et la musique. Notons d'ailleurs qu'il a influencé certains compositeurs du XXe siècle.

- Enfin, il a également exercé une grande influence sur les membres du groupe Cobra, qui ont prolongé ses recherches et exploré des thèmes qui lui étaient chers : le mystère des masques et des visages, l'exubérance et les acrobaties, les nouvelles créatures, les animaux et les êtres fantaisistes, ou encore les signes et leur signification.

POUR ALLER PLUS LOIN

SOURCES BIBLIOGRAPHIQUES

- « L'art abstrait », in *Centre Pompidou*, consulté le 19/05/2015. www.medition.centrepompidou.fr/education/ressources/ENS-abstrait/ENS-abstrait.html
- COSTERMANS (Barbara) et VANDEWEGHE (Elizabeth, coord.), *Paul Klee. Le théâtre de la vie*, Bruxelles, Bozar Books by Fonds Mercator & Le palais des Beaux-Arts, 2008.
- CURTIL (Sophie), *Paul Klee : En rythme*, Paris, centre Georges Pompidou, 1993.
- DAGEN (Philippe), *Le Silence des peintres. Les artistes face à la Grande Guerre*, Paris, Hazan, 2012.
- DÜCHTING (Hajo), *Die Kunst des Bauhaus*, Stuttgart, Éditions Belser, 2006.
- GALE (Matthew), *Paul Klee : Making visible*, Londres, Tate publishing, 2013.
- KLEE (Paul), *Théorie de l'art moderne*, Bâle, Éditions Gonthier, 1971.
- PFENNINGER (Margaret, dir.), *Paul Klee. Cours du Bauhaus. Weimar. 1921-1922. Contributions à la théorie de la forme picturale*, Paris, Éditions des musées de Strasbourg et Hazan, 2004.
- PFENNINGER (Margaret, dir.), *Paul Klee et la nature de l'art. Une dévotion aux petites choses*, Paris, Éditions des musées de Strasbourg et Hazan, 2004.
- ROUX (Marie-Aude), « De l'influence de Paul Klee sur la musique », in *Le Monde*, consulté le 19/05/2015. http://www.lemonde.fr/culture/article/2011/10/22/de-l-influence-de-paul-klee-sur-la-musique_1592382_3246.html
- Site du *Zentrum Paul Klee*, consulté le 19/05/2015. www.zpk.org/fr

SOURCES ICONOGRAPHIQUES

- KANDINSKY (Wassily), *Aquarelle abstraite*, 1910, mine de plomb, aquarelle et encre de Chine, 49,6 x 64,8 cm, Paris, centre Georges Pompidou. La photo reproduite est réputée libre de droits.
- KLEE (Paul), *En rythme*, 1930, huile sur toile de jute, 69,6 x 50,5 cm, Paris, centre Georges Pompidou. La photo reproduite est réputée libre de droits.
- KLEE (Paul), *Eros*, 1923, aquarelle sur carton, 33,3 x 24,5 cm, Lucerne, collection Rosengart. La photo reproduite est réputée libre de droits.
- KLEE (Paul), *Escargot*, 1924, aquarelle sur papier apprêté, plume et encre, marouflé sur carton, 19 x 28 cm, Lugano, museo cantonale d'Arte, dépôt d'une collection particulière. La photo reproduite est réputée libre de droits.
- KLEE (Paul), *La Chapelle*, 1917, aquarelle et détrempe blanche sur papier, contrecollé sur carton, 29,2 x 15,4 cm, Riehen/Basel, fondation Beyeler. La photo reproduite est réputée libre de droits.
- KLEE (Paul), *Senecio*, 1922, huile sur toile, 40,5 x 38 cm, Bâle, Kunstmuseum. La photo reproduite est réputée libre de droits.
- KLEE (Paul), *Signes en jaune*, 1937, pastel sur coton, 83,5 x 50,3 cm, Bâle, fondation Beyele. La photo reproduite est réputée libre de droits.

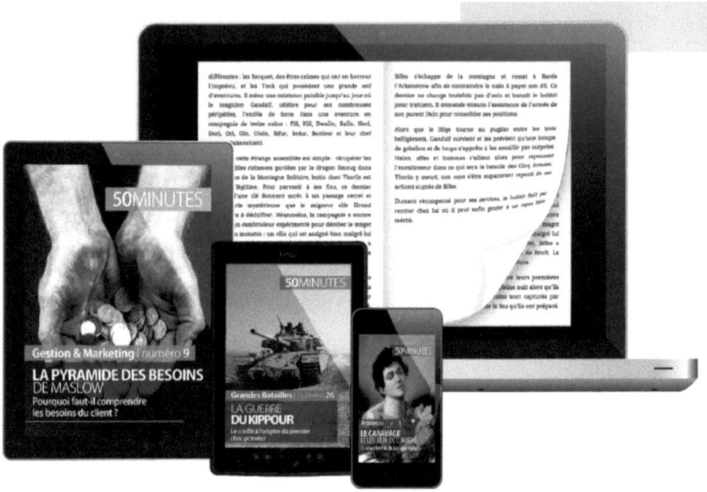
50MINUTES
Art & Littérature
Business & Econom
Histoire & Société
Gestion & Marketing | numéro 9
LA PYRAMIDE DES BESOINS DE MASLOW
Pourquoi faut-il comprendre les besoins du client ?
Grandes Batailles | numéro 26
LA GUERRE DU KIPPOUR
Le conflit à l'origine du premier choc pétrolier
LE CARAVAGE
ET LES JEUX DE LUMIÈRE
SOYEZ LÀ
OÙ ON NE VOUS ATTEND PAS !
www.50minutes.com

www.50minutes.com

Éditeur responsable : Lemaitre Publishing
Rue Lemaitre 6 | BE-5000 Namur
info@lemaitre-editions.com

ISBN ebook : 978-2-8062-5852-6
ISBN papier : 978-2-8062-5853-3
Dépôt légal : D/2015/12603/11
Photo de couverture : © *Senecio* (1922), par Paul Klee

Conception numérique : Primento,
le partenaire numérique des éditeurs